Susann Bucher & Anja Schenk

Geburtstagsrituale

Ideensammlung für Kindergarten und Primarstufe

Luzern, 2016

Diese Ideensammlung wurde im Rahmen einer Bachelorarbeit an der PH Luzern realisiert.

Redaktion und Layout: Susann Bucher und Anja Schenk

Herstellung und Verlag: BoD – Books on Demand, Norderstedt

ISBN: 978-3-8391-0600-6

Liebe Kindergärtnerinnen und Kindergärtner,

Liebe Lehrerinnen und Lehrer,

Rituale sind gemeinschaftsstiftend und schaffen gleichzeitig Raum für Individualität und Selbstausdruck. Sie strukturieren Raum und Zeit und geben so Halt und Sicherheit.

Den Geburtstag eines Kindes mit Ritualen zu feiern macht demzufolge Sinn. Gleichzeitig sollten dies nicht irgendwelche Rituale sein, sondern gut überlegte, zur Person und zur Zeit passende.

Diese Ideensammlung soll helfen die grosse Anzahl von Möglichkeiten zu strukturieren und somit Zeit zu sparen. Je nach Wunsch und Zeit kann aus kleineren Ideen das persönliche Ritual zusammengestellt oder ein von uns überlegtes übernommen werden.

Neben dem eigentlichen Ritual tauchen bei der Planung der Geburtstage weitere Fragen auf: Was kann durch ein Geburtstagsritual gelernt werden? Welches Lied oder welche Geschichte soll Teil des Rituals sein? Was für ein Geschenk eignet sich? Ist es sinnvoll ein Znüni mitbringen zu lassen?

Auf all diese Fragen soll unser Ratgeber Antwort geben und Sie und ihre Kinder durch ein kunterbuntes Jahr voller toller Geburtstagsfeste bringen.

Viel Freude mit der Ideensammlung wünschen Ihnen

Inhalt

kurz, knackig und kombinierbar

Hier werden Ideen beschrieben, die oftmals einen Teil eines Geburtstagsrituals darstellen, durchaus aber auch einzeln genutzt werden können.

Lassen Sie Ihrer Kreativität freien Lauf und kombinieren Sie frei nach Ihren Wünschen und Vorlieben. Die Symbole sollen Ihnen dabei helfen.

Natürlich können die meisten Ideen je nach Wunsch auch einem Motto angepasst werden.

kurz, knackig und kombinierbar

Symbolerklärung

Der **Kuchen** zeigt unsere **Stufenempfehlung**
(Schwierigkeitsgrad und Kindlichkeit)

1 Kerze
einfaches, kindliches Ritual
Kindergarten/ Unterstufe (1./2. Klasse)

2 Kerzen
Mittelstufe I (3./4. Klasse)

3 Kerzen
eher schwieriges Ritual
Mittelstufe II (5./6. Klasse)

Die **Bücher** geben den
Vorbereitungsaufwand an.

1 Buch
fast keine Vorbereitung
0-5 Minuten

2 Bücher
5-15 Minuten Vorbereitung

3 Bücher
grosse Vorbereitungszeit
mehr als 15 Minuten

Die **Geldstücke** veweisen auf den
Materialaufwand und die **Kosten**.

Münze
geringer Materialaufwand, keine Kosten
sollte alles vorhanden sein

Note
mittelgrosser Materialaufwand
evtl. geringe Kosten

Notenbündel
eher grosser Materialaufwand und Kosten

Der graue Sektor der **Uhr** zeigt die ungefähre
Dauer des Geburtstagsritual bei der
Umsetzung an.

Die **Glühbirne** zeigt an, falls das Ritual auch
einen möglichen **Lerneffekt** mit sich bringt.

Dekorationen

Dekowichteln

Am Anfang des Jahres wird ausgelost wer für wen zuständig ist und an dessen Geburtstag den Platz dekorieren soll. Ein paar Tage vorher erinnert die Lehrperson daran und gibt dem Wichtel Zeit für seine Tat.

   gegenseitiger Respekt

Wertschätzung

Geburtstagsthron

Der Platz des Geburtstagskindes wird besonders geschmückt. Es kann ein Königsthron sein, mottogetreu verziert oder auch einfach festlich dekoriert mit Luftballons und Smarties.

Partyzimmer

Am Tag eines Geburtstages kann das ganze Zimmer jeweils festlich mit Luftballons etc. oder mottogetreu dekoriert werden. Evtl. kann auch das Geburtstagskind helfen und seine Wünsche können so miteinbezogen werden.

Konfettizahl

Auf einem grossen Plakat bereitet die Lehrperson alleine oder mit den Kindern eine Konfettizahl vor. Auf eine Leimspur der Zahl werden Konfettis gestreut. Je nach Alter des Kindes wird am Tag des Geburtstages die richtige Zahl an die Eingangstüre gehängt.

Alterskerzen

Am Tag seines Geburtstages darf das Kind aus einer Box so viele Kerzen ziehen, wie es alt wird und diese aufstellen (zum Beispiel auf einen schönen Tisch oder in eine Dekoschale). Am Ende der Lektion, des Tages oder des Rituals darf es diese ausblasen und sich dabei etwas wünschen.

  Umgang mit Kerzen

Geburtstagskalender

Am Anfang des Jahres gestaltet die Lehrperson alleine oder mit den Kindern zusammen einen Kalender. So kann man immer sehen, wer an welchem Tag Geburtstag hat bzw. wer als Nächster dran ist.
So kann die Lehrperson am Anfang des Geburtstagsrituales beispielsweise auf den Kalender zeigen oder ihn zur Hand nehmen und alle Kinder wissen sofort, um was es geht.

    Wochentage/ Monate

Geburtstagsbild

Zu Beginn des Schuljahres wird ein Foto (evtl. Babyfoto) des Kindes hinter einem Motiv oder einem grossen Bild, welches zum Beispiel zum Jahresthema passt, mit allen anderen Fotos versteckt. Das Bild wird am Geburtstag des jeweiligen Kindes aufgedeckt.

Geburtstagsjahresbüchlein

Zu Beginn des Schuljahres bekommen die Eltern ein kleines Heft. Dort sollen sie für jeden Geburtstag bzw. für jedes Altersjahr ein Foto hineinkleben und evtl. einen Satz dazuschreiben, wie das Kind in diesem Alter war. Am Geburtstag können die Seiten angeschaut, gezeigt und evtl. die nächste Seite gestaltet werden.

Jahreskreis

Am Boden des Schulzimmers ist ein Jahreskreis gestaltet, in der Mitte können Kerzen hingelegt werden. Für das Ritual darf das Kind den Kreis mit einem Globus in der Hand ablaufen. Alle Kinder sagen es wurde Winter, Frühling, Sommer... und dann bist du 1 Jahr alt geworden (erste Kerze anzünden). Für das letzte Jahr können statt den Jahreszeiten die Monate aufgezählt werden und am Schluss singen alle Kinder Happy Birthday.

   Jahreszeiten/ Monate

Wunschkonzert

Wunschgeschichte

An seinem Geburtstag darf das Kind aus den Büchern im Schulzimmer oder von einem selbstmitgebrachten Buch eine Geschichte auswählen, die dann von der Lehrperson vorgelesen wird. Gewisse Begrenzungen von der Dauer und evtl. auch dem Thema sind wahrscheinlich nötig.

     ruhig Zuhören

---

Geburtstagsplatz

Für seinen besonderen Tag darf das Geburtstagskind auch einen besonderen Platz haben. Es darf diesen oder seinen Sitznachbar selber wählen und den ganzen Tag dort bleiben (ausser es klappt dann gar nicht mehr mit dem Benehmen).

Lieblingsspiel

Weil das Kind Geburtstag hat, darf es für den normalen Unterricht oder für den Sport ein Spiel wünschen, das dann sofort oder wenn es passt, gespielt wird.

17

Lieblingsmusik

Am Geburtstag kann im Sport- oder BG-Unterricht die Lieblingsmusik oder das Lieblingshörspiel des Geburtstagskindes gehört werden.

Lieblingsfarbe

Normalerweise schreibt man mit blau oder Bleistift. Am Geburtstag darf das auch mal anders sein. Dann dürfen zum Beispiel alle Kinder in der Lieblingsfarbe des Geburtstagskindes schreiben, wenn sie möchten.

Wunschgesang

Wenn man mit dem Happy Birthday schon am Singen ist, kann doch gerade noch ein bisschen weiter musiziert werden und das Geburtstagskind bestimmt das Lied.

(Glücks)wunschkarte

Aus einer Box darf sich das Geburtstagskind eine Geburtstagskarte auswählen. Die Lehrperson beschriftet sie und die ganze Klasse unterschreibt.

Unterschrift

Wunschtiere

Das Geburtstagskind darf sich von seinen Mitschülern
Fantasietiere zeichnen lassen und zwar nach seinen
Angaben (z.Bsp.: einen Hals wie eine Giraffe, einen
Körper wie ein Vogel, Beine wie ein Frosch, ein Horn
auf die Nase etc.) Die Angaben werden so langsam
angegeben, dass die Zeichner gut mitkommen. Am
Schluss darf jedes Kind sein Fantasietier noch bunt
anmalen, das Bild signieren und dem Geburtstagskind
schenken. Damit alle anderen Kinder die Kunstwerke
auch gebührend bestaunen können, kann man die Bilder
aufhängen.

 nach Vorgaben zeichnen

einem anderen Kind folgen

verwünscht

Herzenswünsche

In der Mitte des Kreises liegt ein Herz oder eine andere Form. Jedes Kind bekommt ein Glasnugget/ Glasstein und wünscht dem Geburtstagskind etwas. Dazu wird das Glasnugget auf das Herz gelegt. Man kann auch mit einem Seil einen Kreis um das Geburtstagskind legen und die Steine in diesen Kreis legen.

    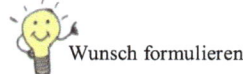 Wunsch formulieren

Wunschblätter

Zu Beginn des Schuljahres werden mögliche Wünsche gesammelt und jeder auf ein Blatt geschrieben bzw. gezeichnet. Die Kinder dürfen bei einem Blatt hinstehen. Die Lehrperson sagt dem Geburtstagskind zum Beispiel 4 Kinder wünschen dir…etc.

    Wunsch formulieren

Wünschebox

Jedes Kind schreibt für das Geburtstagskind einen Wunsch auf ein Zettelchen und legt dieses in eine kleine Box, die das Geburtstagskind dann bekommt.

    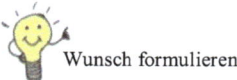 Wunsch formulieren

Wünscheball

Im Kreis geht ein Ball von den Kindern zum Geburtstagskind und wieder zurück und jedes Kind wünscht dem Geburtstagskind dabei etwas Gutes fürs neue Lebensjahr.
Evtl. können auch nur einzelne ausgeloste Kinder etwas wünschen, damit es nicht zu lange geht.

  　　 Wunsch formulieren

Glücksarmband/Wünschestrauss

Der Reihe nach geht jedes Kind zum Geburtstagskind gratuliert ihm und wünscht ihm etwas. Dabei gibt es ihm einen Faden oder eine Margerite. Daraus gibt es ein Glücksarmband bzw. einen Blumenstrauss für das Geburtstagskind.

   　　 Wunsch formulieren

Bildersammlung

Jedes Kind macht eine Zeichnung für das Geburtstagskind. Die Lehrperson bindet diese zusammen, so dass es eine kleine Bildersammlung für das Geburtstagskind gibt.

Klassenkette

Zu Beginn des Jahres macht die Lehrperson mit den Kindern Chrälleli aus Fimo (Kugeln mit Loch in der Mitte). Jedes Kind hat dann ein Säckli mit seinen Perlen in seiner Farbe. Am Geburtstag geht jedes Kind der Reihe nach zum Geburtstagskind und schenkt ihm eine Perle und einen Wunsch. Die Lehrperson macht aus diesen Perlen eine Kette fürs Geburtstagskind.

    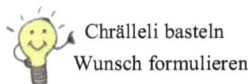

Chrälleli basteln
Wunsch formulieren

warme Dusche

Das Geburtstagskind stellt sich in die Mitte des Kreises. Alle anderen Kinder dürfen nun nette Sachen über dieses Kind sagen: Was mögen sie an ihm besonders? Was kann es gut? Was wünschen sie ihm?
Evtl. nur einzelne Kinder, damit es nicht zu lange geht.

  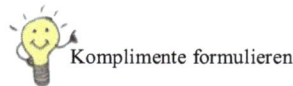

Komplimente formulieren

Geburtstagskrone

Die Lehrperson hat eine Krone vorbereitet. Der Reihe nach geht jedes Kind zum Geburtstagskind gratuliert ihm und wünscht ihm etwas. Dabei kleben die Kinder jeweils eine kleine Perle auf die Krone. Am Schluss wird die Krone zusammengesetzt und das Geburtstagskind darf sie den ganzen Tag tragen.

Wunsch formulieren

Regenschirm

Jedes Kind bekommt eine Filzkugel und flüstert einen Wunsch hinein. Wenn es das gemacht hat darf es die Filzkugel in einen aufgespannten Regenschirm legen. Das Geburtstagskind darf den Schirm am Schluss aufheben und unter den Filzkugeln duschen.

   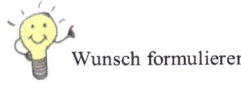

Wunsch formulieren

Wunschsaat

Zu Beginn des Schuljahres werden mit den Kindern Blumentöpfe angemalt. Am Geburtstag darf das Geburtstagskind blind einen Blumentopf ziehen. Jedes Kind wünscht dem Geburtstagskind etwas und schenkt dem Geburtstagskind einige Sonnenblumensamen. Zu Hause kann das Kind die Blumen pflanzen.

Topf gestalten

Geburtstagskarte

Anfangs Jahr schreibt und gestaltet jedes Kind eine neutrale Geburtstagskarte. Am Geburtstag darf das Geburtstagskind eine ziehen.

Geburtstagskarte schreiben

Geschenke

Hier wird das Geschenk als Teil des Geburtstagsrituals beschrieben, also wie die Übergabe im Verlauf des Rituals stattfinden könnte. Ideen, was für Geschenke es sein könnten, finden Sie unter Geschenkideen ab S. 59.

Belohnungswürfel

Jedes Geburtstagskind darf am Tag seines Geburtstages den Geburtstagswürfel würfeln. Dieser bestimmt was für eine Belohnung das Kind bekommt.
Belohnungsbeispiele: Znüni, kleines Geschenk, keine Hausaufgaben, Spiel wünschen, Platz tauschen, früher in die Pause, Joker etc.

Schatzkiste

Im Schulzimmer steht eine Schatzkiste mit Kompass. Immer an einem Geburtstag zeigt der Kompass aufs Geburtstagskind. Dieses darf ein Geschenk aus der Truhe fischen (evtl. mit magnetischer Angelrute).
→ Anstelle einer Schatzkiste könnte es natürlich auch ein Bassin sein oder etwas zum Motto Passendes.

Geburtstagskarte schreiben

Pausenführer

Am Geburtstag darf das Geburtstagskind als erstes Kind in die Pause.

24

Taschenbewohner

In einer alten Schultasche lebt das Mottoplüschtier (Bsp. Kermit der Frosch), es weiss alle Geburtstage, teilt dies jeweils mit und hat ein kleines Geschenk für das Geburtstagskind in seiner Tasche bereit.

Lauwarmes Geschenk

Während das Geburtstagskind kurz vor die Türe geht, versteckt die Klasse ein kleines Geschenk. Mit Hinweisen der Klasse (warm/ kalt) darf das Geburtstagskind dieses suchen und natürlich behalten.

Erinnerungsfoto

Bei der Geburtstagsfeier in der Schule knipst die Lehrperson ein Foto mit allen Kindern (evtl. mottogetreu verkleidet). Die Lehrperson druckt dieses aus und alle können auf der Rückseite unterschreiben. Dieses Foto erinnert an das Geburtstagsfest.

     Unterschrift

Schatzsuche

Die Kinder verstecken auf dem Schulhausareal oder im Dorf ein kleines Geschenk und markieren den Weg (entweder mit Schnur, wie auf einer Schnitzeljagd mit Pfeilen oder mit Hinweiszettelchen).
Das Geburtstagskind darf dieses Geschenk mit zwei ausgewählten Helfern suchen.

Geburtstagswichteln

Am Anfang des Jahres wird ausgelost, welches Kind für welches zuständig ist. Am Geburstag bringt der Wichtel seinem Geburtstagskind ein kleines Geschenk. Er kann dieses beispielsweise auch verstecken, so dass geratet werden muss, wer der Wichtel war.

   gegenseitiger Respekt

Dankbarkeit

Geschenkelotterie

Unter 10 Bechern (oder einer mottogetreuen Abdeckung) sind kleine Geschenke versteckt. Das Geburtstagskind darf zwei Becher auswählen, heben und die Geschenke mitnehmen.

Geburtstagskarte

Alle Schülerinnen und Schüler gestalten gemeinsam eine grosse Karte für das Geburtstagskind. Zum Beispiel malt jedes Kind einen Marienkäfer aus, welcher anschliessend auf die grosse Karte geklebt wird. Andere Möglichkeit: Bild und Unterschrift von allen; zum Motto passendes etc.

    gemeinsam zeichnen

genau ausmalen

Tischset

Wie bei der oben beschriebenen Geburtstagskarte kann jedes Kind etwas für das Geburtstagskind malen etc. Diese Zeichnungen werden dann auf ein Blatt Papier geklebt, welches die Lehrperson anschliessend laminiert.

    etwas Gutes tun

genau ausmalen

Geburtstagskindassistent/in

In einer Truhe sind Zettel mit allen Namen der Kinder. Das Geburtstagskind darf zwei Namen ziehen. Diese Kinder sollen dem Geburtstagskind heute etwas Gutes tun: Zeichnung, aufräumen, für das Kind da sein etc.
Diese Wohltat können die Kinder am Ende des Rituals den anderen mitteilen. Je nachdem können die Helfer auch gewählt werden.

     etwas Gutes tun

singen & lesen

Happy Birthday & virtuose Geburtstagsmusik
*Die Klasse singt dem Geburtstagskind das „Happy
Birthday" in verschiedenen Sprachen (nach Wunsch des
Geburtstagskindes). Alternativ können auch mal andere
Geburtstagslieder gesungen werden.*
→siehe Liedersammlung ab S.55
*Zum Singen des Geburtstagsliedes spielt jedes Kind ein
Instrument aus selber gewählten, bereits vorhandenen
Gegenständen.*

Geburtstagsgeschichte
*Die Lehrperson liest am Geburtstag eine Geschichte vor.
Dies kann eine Geburtstagsgeschichte sein, eine
gewünschte vom Geburtstagskind oder aus einem
grossen Buch, so dass es an jedem Geburtstag weitergeht
(evtl. Mottobuch)*
→ siehe Geschichtensammlung ab S.49

Geburtstagsgeschichte weiterentwickeln
*Die Lehrperson erzählt einen Anfang einer
Geburtstagsgeschichte. Satz für Satz versuchen die
Kinder diese weiterzuerzählen und gemeinsam eine tolle
Geschichte zu erfinden/ gestalten.*

Geburtstagsschmaus

Tellermandala

*Die Kinder schneiden zum Beispiel Karotten und legen
diese als Kunstwerk auf einen Teller. Es kann zum
Beispiel auch versucht werden ein Auto zu legen etc.
Weiter können auch Konfibrote zusammen bestrichen
werden. Hier kann man je nach Thema/ Motto variieren.*

Znüni zubereiten

Geburtstagscrème

*Gemeinsam stellt die Klasse eine Vanille- oder
Schokoladencrème oder einen Geburtstagskuchen
(falls eine Küche vorhanden ist) her. Die Crème oder der
Kuchen können mit Zuckerkugeln oder sonstigen Zutaten
geschmückt und anschliessend gemeinsam gegessen
werden.*

gegenseitiger Respekt

Popcorn

*An der Popcornmaschine darf das Geburtstagskind
Popcorn für die ganze Klasse machen und dieses dann
vor der grossen Pause verteilen.*

Znüni

Am Geburtstag bringt das Geburtstagskind ein Znüni für die ganze Klasse mit.
Dies bringt aber Vor- und Nachteile mit sich.
→ siehe auch Diskussion auf S. 63

Smarties verzaubern

Die Lehrperson legt etwa 20 Smarties auf einen Tisch. Ein vom Geburstagskind gewähltes Kind verzaubert davon eines, zwei oder drei ohne dass das Geburtstagskind es sieht. Dieses darf so viele Smarties nehmen und essen, bis es ein verzaubertes wählt.

Geburtstagsbuffet

Die Znünis aller Kinder werden auf einem Tisch angerichtet und alle dürfen sich bedienen.

anderes

Geburtstagsexpress

Das Geburtstagskind darf am Geburtstag noch zu Hause bleiben und wird dann vom ganzen Kindergarten mit dem Leiterwägeli abgeholt.
Kürzere Variante: Das Geburtstagskind darf mit zwei ausgewählten Kindern vor der Türe in einen Reifen mit Veloglocke steigen und ins Zimmer hineinfahren.

Tischbombe

Zur Feier des Tages wird eine Tischbombe gezündet und das Geburtstagskind darf als Erstes wählen, was es gerne möchte.

königliche Begrüssung

Bei der Begrüssung des Geburtstagskindes am Morgen stehen alle anderen Kinder Spalier und das Geburtstagskind darf hindurch ins Schulzimmer spazieren. Dabei kann zum Beispiel auch gleich das Geburtstagslied gesungen werden.

Geburtstagskommode

Das Kind darf nacheinander einzelne Schubladen öffnen und deckt so Gegenstände auf, die die verschiedenen weiteren Handlungen des Geburtstagsrituales symbolisieren.

Piñata

Süssigkeiten sind in einer bunten Verpackung an der Decke aufgehängt. Blind darf das Kind mit einem Stock auf diese Piñata schlagen bis die Süssigkeiten herunterfallen.

Geburtstagskino

An jedem Geburtstag wird eine kurze Filmsequenz angeschaut. Es ist zu empfehlen, dafür in sich abgeschlossene Sequenzen zu wählen, die insgesamt aber irgendwie zusammenpassen (z.B. zum Motto).

fix und fertig

Manchmal fehlt einem die Zeit, um alles selber zu
machen. Deshalb präsentieren wir in diesem Kapitel aus
den vorher beschriebenen Teilen zusammengesetzte
Rituale für die verschiedenen Stufen: zum Durchlesen,
Auswählen, Anpassen und Umsetzen.

fix und fertig

Kindergarten	Zwergengeburtstag
gewählte Teile	Geburtstagsthron, Herzenswünsche, Geburtstagsgeschichte, Geburtstagskindassistent/in, Tellermandala
Ablauf	Das Geburtstagskind darf auf dem Geburtstagsstuhl, auf welchem eine Zwergenmütze liegt, Platz nehmen. Um den Geburtstagsstuhl ist ein Kreis aus einem Seil gelegt. Das Geburtstagskind darf die Zwergenmütze anziehen. Es wird das Spiel: „Stei, Stei du döfsch wandere, vo einer Hand zor andere…"gespielt. Das Geburtstagskind darf raten, wer den Stein hat. Nun darf jedes Kind einen Stein aus einem Korb nehmen und ihn in den Kreis, welcher rund um den Geburtstagsstuhl ist, legen. Dazu sagt es etwas, was am Geburtstagskind toll ist oder was es besonders gut kann. Das Geburtstagskind darf anschliessend einen Glücksstein aussuchen. Die Kindergärtnerin liest eine Zwergengeschichte vor. Das Geburtstagskind darf zwei Kinder aussuchen, welche heute mit ihm spielen oder ihm helfen. Mit diesen Kindern darf das Geburtstagskind vor der Znünipause Karotten rüsten, schneiden und auf einem Teller schön anrichten.
Dauer	Ca. 20 Minuten
Vorbereitung	Geburtstagsstuhl organisieren/gestalten
Material	Geburtstagsstuhl, Zwergenmütze, Seil, Steine, Korb, Zwergengeschichte, Karotten, Rüstsachen
Lerneffekt	Wunsch/ Kompliment formulieren Ruhig zuhören Essen vorbereiten: Umgang mit Messer

Kindergarten	**Geburtstagskommode**
gewählte Teile	Geburtstagskommode, Happy Birthday, Geburtstagsgeschichte, Alterskerzen, Wünscheball, lauwarmes Geschenk
Ablauf	Die Kinder nehmen im Kreis Platz. Eine Kommode mit mehreren Schubladen befindet sich in der Mitte des Kreises. In jeder Schublade befindet sich ein bestimmter Gegenstand, welcher eine Bedeutung hat. Das Kind darf nacheinander eine Schublade öffnen.

Kleines Instrument: Geburtstagslied singen und Geburtstagskind darf dazu mit dem Instrument Musik machen

Kerzen: passende Anzahl Kerzen anzünden und auspusten

Pixibuch/ Buch: Geschichte oder ein Teil davon wird von der LP erzählt

Ball: Jedes Kind welches den Ball zugerollt bekommt, wünscht dem Geburtstagskind etwas

4 Klämmerli: Jedes Klämmerli hat eine andere Farbe. Musik wird abgespielt. Die Klämmerli werden immer wieder bei einem anderen Kind angeklammert. Wenn die Musik aus ist sagt die LP, dass das Kind mit dem blauen etc. Klämmerli eine Bewegung vormachen darf. Die anderen Kinder machen diese nach.

Gummibärchen: Das Geburtstagskind geht vor die Türe. Die anderen Kinder verstecken ein Gummibärchen. Mit Hinweisen von warm/ kalt sucht das Geburtstagskind.

Variationen: Fischerspiel, Werkbank

Dauer	Ca. 20 Minuten
Vorbereitung	Gegenstände für Kommode bestimmen (kann gut an Jahresthema angepasst werden)
Material	Kommode, kleines Instrument, Kerzen, Pixibuch, Ball, verschiedenfarbige Klämmerli, Gummibärli
Lerneffekt	Kerzen anzünden, ruhig zuhören, Wunsch formulieren…

Kindergarten	**Königsgeburtstag**
gewählte Teile	Geburtstagsexpress, Königliche Begrüssung, Geburtstagskrone
Ablauf	Die Kinder des Kindergartens holen in Begleitung der Kindergärtnerin/ dem Kindergärtner das Geburtstagskind mit einem Leiterwagen zu Hause ab Das Geburtstagskind bekommt eine Krone aufgesetzt und darf bei den Kindern durchgehen, welche Spalier stehen und sich in den Leiterwagen setzen. Als Variante kann auch am Vortag eine Krone mit nach Hause gegeben werden. Das Kind kann mit dieser am Tag des Geburtstags in den Kindergarten kommen. Im Kindergarten sitzen die Kinder in den Kreis. In der Mitte des Kreises hat es einen Korb mit verschiedenen klebbaren Glitzersteinen. Ein Kind nach dem anderen darf sich einen Stein aussuchen, dem Geburtstagskind etwas wünschen und den Glitzerstein auf die Krone des Geburtstagskindes kleben. Zur königlichen Musik dürfen die Kinder als Abschluss durch den Kindergarten tanzen.
Dauer	Ca. 20 – 30 Minuten
Vorbereitung	Wohnort des Kindes in Erfahrung bringen (Weg durchdenken) Passende Musik suchen
Material	Leiterwagen, Krone, Korb, Glitzersteine, königliche Musik
Lerneffekt	Evtl. Verhalten in Strassennähe, Wunsch formulieren

1./2. Klasse	**Jahreswechselfest**
gewählte Teile	Jahreskreis, Geburtstagsjahresbüchlein, Smarties verzaubern
Ablauf	Am Boden liegen Bilder zu den Jahreszeiten und dazwischen die Namen der Monate. Ein Jahreskreis ist dargestellt. Das Geburtstagskind darf nun einen kleinen Globus in die Hand nehmen. Die LP sagt: „Heute vor X Jahren bist du auf die Welt gekommen." Dabei zeigt sie das Heft des Kindes auf der ersten Seite. Sie zeigt das Foto und liest den darunter geschriebenen Satz vor. Die LP sagt: „Nun wurde es Winter, Frühling, Sommer, Herbst und du bist 1 Jahr alt geworden." Die Kinder sprechen dabei die Jahreszeiten mit. Die LP oder das Geburtstagskind zeigt dann die nächste Seite des Heftes. So geht es immer weiter, bis zum letzten Jahr, da werden alle Monate des Jahres gemeinsam aufgesagt. Nun wird noch Smarties verzaubern gespielt. Das Geburtstagskind darf am Schluss aus einer Truhe einen Bleistift mit einem speziellen Radiergummi aussuchen.
Dauer	Ca. 15 Minuten
Vorbereitung	Mit Eltern Heft gestalten, spezielle Bleistifte kaufen
Material	Monats- und Jahresbilder, Heft mit Fotos, Globus, Smarties, Schatztruhe, spezielle Bleistifte
Lerneffekt	Die Kinder lernen die Jahreszeiten und Monate und entwickeln eine Vorstellung davon, wie sich die Erde um die Sonne dreht.

1./2. Klasse	**Geburtstagsblume**
gewählte Teile	Wunschsaat
Ablauf	Zu Beginn des Jahres werden Blumentöpfchen angemalt. Das Geburtstagskind darf, im Kreis, eines blind aus einer Kiste ziehen an seinem Geburtstag. Das Geburtstagskind füllt Erde in das Töpfchen. Nacheinander kommen die Kinder zum Geburtstagskind und legen z.B. Sonnenblumensamen in das Töpfchen. Die Kinder wünschen dem Geburtstagskind dabei etwas. Es wird Happy Birthday gesungen während dem das Geburtstagskind Wasser über die Samen giesst.
Dauer	Ca. 10 – 15 Minuten
Vorbereitung	anfangs Jahr: Blumentöpfe anmalen Blumensamen kaufen
Material	Blumentopf, Farbe, Kiste (o.a.), Erde, Blumensamen, Giesskanne mit Wasser
Lerneffekt	Wunsch formulieren zur Saat Sorge tragen d.h. Verantwortung übernehmen

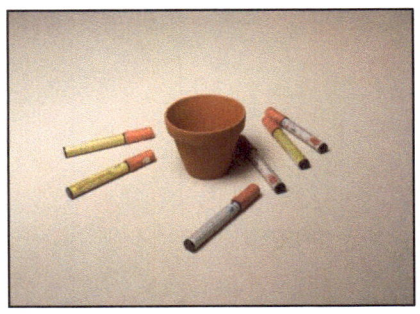

1./2. Klasse	**Hexengeburtstag**
gewählte Teile	Herzenswünsche, Erinnerungsfoto
Ablauf	Die Kinder setzen sich in den Kreis. In der Mitte des Kreises befindet sich eine Kiste mit Verkleidungsmaterial, welches passend zum Jahresthema ausgewählt ist (z.B. Thema Hexe). Das Geburtstagskind darf sich zuerst etwas aus der Kiste aussuchen. Die anderen Kinder dürfen nachher nacheinander etwas aussuchen (Hexenhüte, Zauberstab, Umhang, Hexennase etc.). Die Kinder stehen für ein Gruppenfoto hin und die Lehrperson macht ein Foto. Dieses Foto bekommt das Geburtstagskind in den nächsten Tagen von der Lehrperson als Erinnerung an den Geburtstag. Nach dem Foto setzen die Kinder sich wieder an ihren Platz im Kreis. Jedes Kind nimmt einen Muggelstein aus einer Truhe. In der Mitte des Kreises liegt ein Bild eines Hexenkessels und ein Glas mit Sirup. Ein Kind nach dem anderen wünscht dem Geburtstagskind etwas und legt dabei den Muggelstein auf den Hexenkessel. Am Schluss darf das Geburtstagskind das Glas Sirup trinken.
Dauer	Ca. 15 Minuten
Vorbereitung	Verkleidungsmaterial organisieren
Material	Verkleidungsmaterial, Fotokamera, Muggelsteine, Truhe, Bild Hexenkessel, Glas, Sirup
Lerneffekt	Wunsch formulieren

3./4. Klasse	**Geburtstagsgeschichte im Kerzenschein**
gewählte Teile	Alterskerzen, Geburtstagsgeschichte
Ablauf	Wenn das Geburtstagskind im Schulzimmer eintrifft, ist vorne in der Mitte des Kreises ein kleiner, schön dekorierter Tisch (oder sonst irgendeine Ablage) bereit. Die ganze Klasse versammelt sich im Kreis. Aus einer kleinen Box darf das Geburtstagskind nach der Begrüssung der Lehrperson die Anzahl Kerzen dem Alter entsprechend herausnehmen und auf den dekorierten Tisch stellen. Unter Aufsicht der Lehrperson zündet es diese an und setzt sich zurück in den Kreis. Die Lehrperson löscht das Licht und erzählt im Kerzenlicht eine Geschichte aus dem Geburtstagsbuch (beispielweise ein Buch mit Märchen aus aller Welt, wobei es evtl. ein Märchen aus dem Herkunftsland des Geburtstagskindes sein kann). Nach der kurzen Geschichte singt die Klasse Happy Birthday oder ein anderes Geburtstagslied. Das Licht wird wieder angezündet und der normale Unterricht startet. Die Kerzen können entweder ausgelöscht werden oder die ganze Lektion noch brennen.
Dauer	je nach Dauer der Geschichte ca. 10- 20 Minuten
Vorbereitung	Tisch „dekorieren", Kerzenbox und Geschichtenbuch bereitlegen (ca. 5 Minuten)
Material	kleiner Tisch/Ablage, Tischtuch, evtl. Deko (Pailetten etc.), Box mit Kerzen (am besten Rechaudkerzen), Geschichtenbuch (beispielsweise Märchen aus aller Welt, siehe Geschichtensammlung)
Lerneffekt	ruhig zuhören

3./4. Klasse	**Popcornparty**
gewählte Teile	Dekowichteln, Popcorn
Ablauf	Wenn das Geburtstagskind im Schulzimmer eintrifft, ist sein Platz schön dekoriert von seinem Dekowichtel (siehe Vorbereitung). Das Geburtstagskind darf den ganzen Tag an diesem schön dekorierten Platz arbeiten, so dass alle merken, dass für dieses Kind heute ein besonderer Tag ist. Etwa 10-15 Minuten vor der grossen Pause am Morgen nimmt die Lehrperson das Geburtstagskind zur Seite. An einem abgemachten Platz (beispielsweise im Gruppenraum) darf das Kind für die ganze Klasse Popcorn zubereiten. Wenn es fertig ist, kommt es damit zurück ins Klassenzimmer. Die Klasse singt dabei das Geburtstagslied. Das Geburtstagskind darf die gemachten Popcorns an seine Klassenkolleginnen und Klassenkollegen verteilen, dann gehen alle in die Pause.
Dauer	ca. 15 Minuten für das Geburtstagskind, etwa 5 für die Klasse
Vorbereitung	anfangs Jahr: Jedes Kind zieht einen Namen der Klasse. Am Geburtstag dieses Kindes ist es der Dekowichtel und dekoriert den Platz dieses Kindes. am Vorabend: den Dekowichtel daran erinnern und beim Dekorieren helfen, Popcornmais einkaufen
Material	Lose, evtl. Kiste mit Dekomaterial (sonst Kinder jeweils selber mitbringen lassen), Popcornmaschine & Mais Als Alternative kann man auch eine Pfanne oder die Mikrowelle nehmen oder z.B. Schokoladencréme, Eistee machen lassen
Lerneffekt	gegenseitiger Respekt dekorieren, Popcorn herstellen 

3./4. Klasse	**musikalisches Geschenkesuchen**
gewählte Teile	Wunschgesang, lauwarmes Geschenk
Ablauf	Kurz vor der grossen Pause oder zu einem anderen geeigneten Zeitpunkt erzählt die Lehrperson, dass heute jemand Geburtstag hat. Sie bittet das Geburtstagskind kurz in den Gruppenraum (oder notfalls in den Gang, wenn keine andere Möglichkeit). Jemand aus der Klasse darf dann ein kleines Geschenk im Klassenzimmer verstecken und das Kind wieder hineinrufen. Das Geburtstagskind darf seinen Lieblingssong aus dem Musikunterricht wünschen und die ganze Klasse singt diesen. Während dieser Zeit darf das Kind das Geschenk suchen. Wenn es das Geschenk nach einer bestimmten Zeit noch nicht gefunden hat, beginnt die Klasse immer lauter zu singen, wenn es nah am Geschenk ist und leiser wenn es weiterweggeht, bis das Geburtstagskind sein Geschenk gefunden hat. Nun applaudiert die Klasse und singt das Geburtstagslied.
Dauer	ca. 5- 10 Minuten
Vorbereitung	ein kleines Geschenk bereit haben
Material	kleines Geschenk (siehe Geschenkideen im Anhang) am besten jeweils für jedes Kind das Gleiche

5./6. Klasse	**Wunschkonzert**
gewählte Teile	Geburtstagsplatz, Lieblingsspiel, Lieblingsmusik
Ablauf	Am Tag seines Geburtstages darf jedes Kind am Morgen wünschen, wo es gerne sitzen möchte und neben wem. Dieser Wunsch gilt dann für den gesamten Tag (sofern es nicht zu grosse Unruhen gibt). Während dem Platzwechsel singt die Klasse das Geburtstagslied und gratuliert dem Geburtstagskind. Für die nächste geeignete Sportstunde darf das Kind zudem seine Lieblings-CD mitbringen und sich ein kurzes Spiel wünschen, das zu seinem Lieblingslied als kleines Geschenk gespielt wird.
Dauer	5 Minuten während dem Unterricht kurzes Sportspiel à 10-15 Minuten
Vorbereitung	keine Vorbereitung
Material	Lieblings-CD vom Geburtstagskind mitgebracht, Musikanlage in der Turnhalle

5./6. Klasse	**Klassenkarte**

gewählte Teile   Geburtstagskarte, Wünschebox

Ablauf   Am Anfang des Jahres gestaltet die Klasse im BG-Unterricht coole Geburtstagskarten ganz frei oder mit einer durch die Lehrperson vorgegebene Technik (Collage, Acrylfarbe) ohne Text in der Mitte. Die gestalteten Karten werden in einer Box gesammelt.
Am Geburtstag darf das Kind sich am Morgen eine Karte aus dieser Box auswählen. Im Verlauf des Schultages zirkuliert diese Karte von Kind zu Kind. Jedes kann sich etwa 5 Minuten Zeit nehmen um etwas Kleines hinein zu schreiben oder zu zeichnen, mindestens einen Gruss und eine Unterschrift. Am Ende des Unterrichtstages soll die Karte fertig sein und wird von der Lehrperson, unter kräftigem Geburtstagsliedsingen der Klasse, ans Geburtstagskind übergeben. Eine schöne Erinnerung zum nach Hause nehmen für später.

Dauer   5-10 Minuten

Vorbereitung   anfangs Jahr: mit der Klasse Karten gestalten
Kindern das Ritual erklären

Material   Material fürs Gestalten der Karten
Box mit den Karten

Lerneffekt   Gestalten einer Karte
Glückwünsche schreiben

5./6. Klasse	**Apérofeste**
gewählte Teile	Jahreszeitenapéro (Kapitel grosse Feste), Wunschmusik
Ablauf	5./6. Klässler sind zwar nicht mehr Fans von kindlichen Ritualen und in dieser Stufe sollte nicht zu viel Zeit für solche Dinge anfallen, aber sie feiern trotzdem gerne. Deshalb könnte man sich überlegen, die Geburtstage der Kinder zusammenzutun und so vier Mal im Jahr (pro Jahreszeit einmal) ein grösseres Fest zu feiern. Dabei können die Kinder bei der Organisation helfen. Man kann gemeinsam mit ihnen überlegen, wie man dieses Fest gestalten kann. Was es zu essen und zu trinken geben sollte und wer was organisiert. Wie die Deko sein sollte und welche Musik läuft (vorzugsweise die Lieblingsmusik der Geburtstagskinder). Bei einer selbstständigen Klasse könnte man die Planung eventuell sogar der Geburtstagskindergruppe selber überlassen, ihnen einfach 1-2 Lektionen für das Fest zur Verfügung stellen und für Fragen verfügbar sein.
Dauer	viermal im Jahr ca. 1-2 Lektionen
Vorbereitung	gemeinsam mit der Klasse planen und die Klasse unterstützen
Material	je nach Wunsch der Klasse, evtl. möglichst vieles von zu Hause mitbringen lassen
Lerneffekt	organisieren Verantwortung übernehmen Selbständigkeit evtl. kochen und backen/ dekorieren

grosse Feste

Eine weitere gute Möglichkeit Zeit zu sparen, ist es, die Geburtstage zusammen zu legen und dafür ein grosses Fest einmal im Monat oder pro Jahreszeit etc. zu gestalten. Diese Feste können dem Monat oder der Jahreszeit entsprechend gestaltet werden und sich so auch voneinander unterscheiden. Alle Kinder, die in dieser Zeit Geburtstag hatten oder noch haben, gelten als Geburtstagskinder und werden besonders geehrt. Auch für solche grossen Feste können Teile des Kapitels kurz, knackig, kombinierbar verwendet werden. Gut eignen würde sich hier auch, ein kleines Apéro zu gestalten, wo die Geburtstagskinder etwas Passendes mitbringen dürfen. Mit älteren Kindern lässt sich so ein Fest auch gemeinsam organisieren, man kann sie Verantwortung für einzelne Aufgaben übernehmen lassen und so lernen sie, an was alles gedacht werden muss (siehe vorherige Seite).

Grosse Feste können sehr gut einem Motto angepasst werden. Hier lohnt es sich schliesslich auch eher, einen grösseren Aufwand auf sich zu nehmen und das Schulzimmer besonders zu gestalten sowie Musik und Essen an ein Thema anzupassen.

Geschichten- & Liedersammlung

Damit die Umsetzung unserer Ideen auch perfekt klappt, hier noch ein paar Vorschläge, welche Lieder und Geschichten gesungen bzw. vorgelesen werden könnte.
Im ersten Teil des Kapitels werden verschiedene Bilderbücher und Vorlesegeschichten vorgestellt, welche bei einem Geburtstagsritual verwendet werden könnten.

Danach sollen ein paar Liedervorschläge aufzeigen, dass es nicht immer Happy Birthday sein muss. Aus rechtlichen Gründen konnten wir die Noten nicht direkt abdrucken. Es wird aber immer die Quelle angegeben, wie man zu diesen Noten für das Singen und Musizieren kommt. Die Bücher sind auch ausleihbar in der Bibliothek der Hochschule Musik Luzern.

Geschichten- & Liedersammlung

Bilderbücher

Das Riesenfest

Es gibt kleine und grosse Riesen im Land der Riesen. Alle möchten am Riesenfest teilnehmen, an welchem der König gewählt wird. König wird, wer das grösste Teil mit einem Bissen verschlingt. Der kleine Riese isst einen Apfelkern und den anderen pflanzt er in den Boden. Nach einem Jahr steht da ein kleiner Apfelbaum. Der kleine Riese wird für ein Jahr zum König ernannt.

Bolliger, M. & Palmtag N. (Illustratorin) (2015). *Das Riesenfest* (1. Aufl.). Zürich: Atlantis (Orell Füssli).

Die Torte ist weg! – Eine spannende Verfolgungsjagd

Dieses Bilderbuch ist ein Suchbilderbuch ohne Worte. Die Torte von Herr und Frau Hund wird geklaut. Die Torte kann auf jeder Doppelseite gesucht werden. Das Buch hat circa 10 Doppelseiten. Es bietet sich also an, bei jedem Geburtstagsfest das Geburtstagskind auf einer Seite die Torte suchen zu lassen. Auf der letzten Seite wird die Torte an alle verteilt. Es können auf den verschiedenen Seiten aber auch noch weitere Geschichten verfolgt werden.

Tjong-Khing, T. (2013). *Die Torte ist weg! – eine spannende Verfolgungsjagd* (10. Aufl.). Frankfurt am Main: Moritz Verlag.

Happy Birthday, Hilde Hippo

Als der kleine Tiger Christopher aufwacht, stellt er fest, dass er für Tante Hildes Geburtstag noch kein Geschenk hat. Was nun? Kurzerhand beschliesst er, für Hilde Hippo ein Ständchen vorzubereiten, und macht sich auf die Suche nach sangesfreudigen Mitstreitern. Denn singen kann jeder! Als er mit seinen Freunden schliesslich bei Tante Hilde ankommt, erwartet sie allerdings eine Überraschung! Tante Hippo hat gar  nicht Geburtstag, sie veranstaltet einfach sonst ein Fest! Das macht jedoch nichts, da dieses Lied für jeden Anlass passt.

Das Buch ist mit einem Hörbuch ausgestattet. Das Geburtstagslied wird mit allen Tieren immer wieder neu gesungen.

Hüneke E. & Specht M. (Illustratorin) (2013). *Happy Birthday, Hilde Hippo*. Freiburg im Breisgau: KERLE in der Verlag GmbH.

Geschichtenbücher zum Vorlesen

Cornelia Funke erzählt
von Bücherfressern, Dachbodengespenstern und anderen Helden

Dieses Buch enthält viele kurze Geschichten mit kleinen farbigen Bildern, welche sich gut zum Vorlesen bei einem Geburtstagsritual eignen.

Funke, C. (2010). *Cornelia Funke erzählt – von Bücherfressern, Dachbodengespenstern und anderen Helden* (2. Aufl.). Bindlach: Loewe Verlag GmbH.

Der kleine König feiert Geburtstag *und andere Vorlesegeschichten*

Dieses Buch beinhaltet 14 kurze Geschichten vom kleinen König. Es eignet sich zum Vorlesen und Selberlesen mit vielen farbigen Bildern von der Autorin.

Munck, H. (2008). *Der kleine König feiert Geburtstag und andere Vorlesegeschichten*. Hamburg: Verlag Heinrich Ellermann GmbH.

Märchen der Welt *illustriert von Martin und Ruth Koser-Michaëls Knaur*

In diesem Buch findet man kurze Märchen aus aller Welt. Das Geburtstagskind kann sich eines aussuchen, welches die Lehrperson vorlesen soll. Die unterschiedliche kulturelle Herkunft kann bei dieser Vielfalt der Geschichten berücksichtigt werden.

Jelde, E. (2006). *Märchen der Welt – illustriert von Martin und Ruth Koser-Michaëls Knaur.* München: Knaur Verlag.

100 Geschichten – Ein Lese- und Vorlesebuch
Dieses Buch beinhaltet kurze Geschichten, die sich perfekt für eine kurze Vorlesesequenz bei einem Geburtstagsritual eignen.

Maiwald, P. (2004). *100 Geschichten – Ein Lese- und Vorlesebuch.* Wien: Carl Hanser Verlag.

Happy Birthday auf verschiedene Sprachen

Wenn es schon Happy Birthday sein sollte, dann auf verschiedene Sprachen. Das gibt einem die Möglichkeit das Geburtstagsritual bzw. besonders das Geburtstagslied individuell an das Kind und dessen Herkunft anzupassen.

In einem Buch fanden wir den Text auf italienisch, spanisch, portugiesisch, türkisch, serbisch/ kroatisch und mazedonisch.

Horn, R., Mölders, R. & Schröder, D. (Hrsg.) (1999). *Klassenhits-143 Lieder rund um die Schule.* Dortmund: VBE Verlag/ Kontakte Musikverlag.

Kindergeburtstagslieder
Daneben gibt es viele weitere Kinderlieder, die vom Geburtstag handeln und das Geburtstagskind wertschätzen.

Du bist allererste Sahne
Mit diesem Lied wird für das Geburtstagskind geklatscht, geschnipst, gelacht, gehüpft etc. Das Lied beinhaltet also viel Bewegung und kann nach Wunsch angepasst werden.

Horn, R., Mölders, R. & Schröder, D. (Hrsg.) (1999). *Klassenhits-143 Lieder rund um die Schule.* Dortmund: VBE Verlag/ Kontakte Musikverlag. (Nr. 117)

Ich schenk dir einen Regenbogen

In „Ich schenk dir einen Regenbogen" werden dem Geburtstagskind musikalisch verschiedene Dinge geschenkt und erst am Schluss verraten, was der Grund dafür ist: „Ich mag dich so."

Horn, R., Mölders, R. & Schröder, D. (Hrsg.) (1999). *Klassenhits-143 Lieder rund um die Schule*. Dortmund: VBE Verlag/ Kontakte Musikverlag. (Nr. 119)

Wie schön, dass du geboren bist

In diesem Lied geht es voll und ganz um die Wertschätzung des Geburtstagskindes. Alle freuen sich und feiern mit und alles andere ist egal.

Horn, R., Mölders, R. & Schröder, D. (Hrsg.) (1999). *Klassenhits-143 Lieder rund um die Schule*. Dortmund: VBE Verlag/ Kontakte Musikverlag. (Nr. 114)

Wir singen vor Freude

Nach dem Singen, wird vor Freude auch gesprungen und geklatscht.

Ludwig, S. (Hrsg.) (2006). *99 Lieblingslieder- mit Fingerspielen, Reimen und Bewegungsideen*. München: Don Bosco.

Zum Geburtstag

Zu diesem Lied werden verschiedene Taten zum Geburtstag gemacht und auch theatralisch dargestellt.

Ludwig, S. (Hrsg.) (2006). *99 Lieblingslieder- mit Fingerspielen, Reimen und Bewegungsideen*. München: Don Bosco.

---

moderne Möglichkeiten

Diese Lieder sind problemlos im Internet zu finden.

Stevie Wonder-Happy Birthday
Stevie Wonders Happy Birthday ist eigentlich schon lange ein Klassiker. Wieso also nicht auch in der Schule singen? Gerade mit älteren Schülern und Schülerinnen wäre das eine tolle Alternative zum altbekannten Happy Birthday.

Schtärneföifi- Geburtstag
Schtärneföifi präsentiert auf schweizerdeutsch mit einer humorvollen Art die Wichtigkeit des Geburtstages. Ein Lied das super zur Primarschule passt.

Schtärneföifi- wänni gross bin
Am Tag, wo man ein Jahr älter wird, kann man gut auch mal darüber nachdenken, was man später möchte. Dafür eignet sich dieses Lied gut.

Geschenkideen

Bleistift
Radiergummi
Notizblock
Rätselblock
Spitzer

Post-it
Schulmaterialien
Buntstift
Bleistiftaufsatz

Glücksstein

Kleeblatt

Figur (Stein/ Plastik)

Glücksbringer

Marienkäfer

kleines Kissen

Magnet

Armband

Karte: alle unter-
schreiben

Kerze

Seife

selbstgemacht

Kette aus Fimaperlen

Säckchen mit
Süssigkeiten

Znüni

Schokoladenherz

Muffin

Essen

Mentos

Plüschtier

Spiel im Sport

spezielle Kette

freie Platzwahl

keine Hausaufgaben

für einen Tag

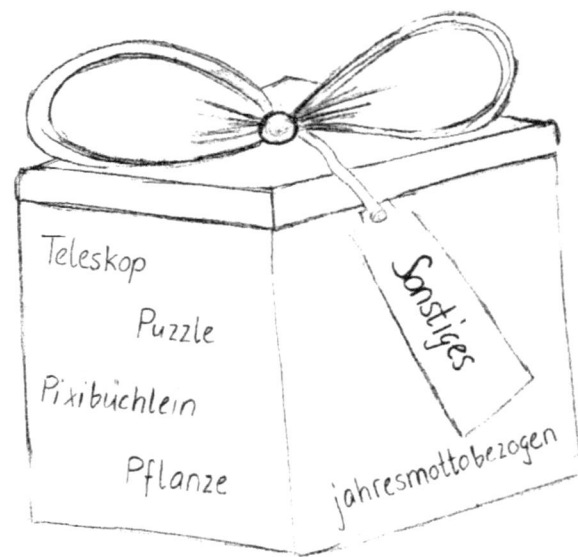

Teleskop

Puzzle

Pixibüchlein

Pflanze

jahresmottobezogen

Sonstiges

Diskussion Znüni mitnehmen

Eltern, Lehrpersonen und Experten sind sich nicht einig, ob ein
Geburtstagsznüni nun gut oder schlecht ist. Hier sollen deshalb Vor-
und Nachteile des „Znünimitbringens" aus der Literatur[*][†] gesammelt
werden.

für das Mitbringen eines Geburtstagskuchen
- Stolz der Kinder beim Mitbringen
- Tradition des Kerzen ausblasen (Wunsch)
- Gebote und Verbote verunsichern und überforden die Eltern
- Ernährung geht den Staat nichts an

gegen das Mitbringen eines Geburtstagskuchen
- gesunde und nicht zu einseitige Ernährung ist wichtig
- Migrantenfamilien bringen ihre eigenen Traditionen mit
- Übertrumpfen durch immer ausgefallenere Ideen: Mobbing
  wenn man nicht mehr mithalten kann

Natürlich haben beide Seiten der Argumentation ihre Berechtigung.
Deshalb sollte jede Lehrperson sich selber darüber Gedanken
machen können und sich mit dem Hintergrund dieser Argumente
eine Meinung bilden können. Wichtig ist, dass dieser Entscheid den
Eltern mitgeteilt und konsequent durchgeführt wird.

---

[*] Hauri, C. (2015). Geburtstagskuchen verboten! [Elektronische Version]. *Tagesanzeiger, o.S.*.

[†] Murman, K., Weber, S. & Mey, M. (2013). Strengere Essenvorschriften an Krippen und
Schulen- Keine Banane mehr zum Znüni? [Elektronische Version]. *blick.ch, o.S.*